AF600967

LES SCRUPULES
D'UN ÉLECTEUR.

Qui n'est, ne fut, ne sera rien,
Reste homme de sens et de bien.

PARIS,
ADRIEN ÉGRON, IMPRIMEUR-LIBRAIRE,
RUE DES NOYERS, N°. 37.
1824.

TITRES

des Ouvrages contenus dans ce Volume.

TABLE.

AVANT-PROPOS.

C'ÉTAIT l'homme, l'homme unique; lui seul pouvait sauver la France et garantir l'Europe : pendant six ans, on n'eut que cette pensée, que ce sentiment plutôt.

Combien il a fallu de coups, l'un sur l'autre pressés, pour ébranler la conviction du cœur! Et pendant quel long temps l'esprit ne s'est-il pas défendu, révolté même contre les raisons dont il était assailli!

Qu'on se trompe maintenant, ou qu'on se soit trompé jadis, c'est un problème qu'il n'est pas donné de résoudre, bien que la résistance, poussée jusqu'à l'extrême, semble militer fortement en faveur de l'opinion actuelle.

De même, il est difficile de s'assurer si les desseins contre lesquels on s'élève, dérivent d'une conception erronée, ou d'une intention blâmable; tant il est vrai que l'ivresse du pouvoir est sujette à tourner les plus fortes têtes, et que les fumées de l'orgueil et de l'ambition sont capables d'aveugler jusqu'aux âmes les plus loyales.

On attendait encore, on hésitait presque, lorsque tout à coup l'indignation s'alluma dans toute la France, au premier souffle des bruits les plus alarmans.

Que les opinions se soient altérées et divisées depuis ; les causes en sont connues. Mais il n'y a point de temps qui compte, point d'influence qui pèse : les consciences ne bougent.

Il faut regretter amèrement de n'avoir pu arracher à leur fatal silence, à leurs mornes secrets, les plus puissantes plumes : on n'écrit qu'en désespoir de cause.

Pas une ligne n'est tombée sur le papier, de 1790 à 1814 : sous les bourreaux de France et d'Europe, l'encre se figeait aux doigts, plutôt que de rouler à leurs pieds.

Cependant le talent ne surgit point à commande, et le métier ne s'acquiert que par l'usage ; l'urgence, d'ailleurs, ne souffrait ni pause, ni relâche.

Ainsi l'œuvre est à peine dégrossie, maint chapitre n'est pas terminé, rien que des lacunes servent de transitions ; ainsi le style est obscur et inégal, l'ordre et la méthode manquent, et les incohérences, les répétitions fourmillent.

Que la critique s'exerce à son plaisir : elle n'apprendra rien, elle n'affectera jamais.

Du reste, on est en plein repos ; le naïf penser de la loyauté porte un tel cachet, que le soupçon même est incapable d'y attenter.

Mais lorsqu'une sainte colère a rompu les digues de

l'habitude, qui dira si le torrent indomté ne doit pas s'égarer dans sa furie?

Il faut le reconnaître, l'expression est âpre, et le sarcasme amer : l'intention est fouillée au secret des cœurs, est mise à nu et exposée en scène.

Serait-ce un tort? Sans doute, tout esprit est passible d'erreur, et nulle action, quelque coupable qu'elle paraisse, ne porte son arrêt final. Que Dieu en prononce : le cas lui est réservé.

Pour nous, faibles mortels, les égards envers l'homme, entraînent des épargnes obligées sur la vérité. Et comment isoler l'esprit de la pensée, la pensée de la conduite? Comment appliquer le fer du blâme aux effets sensibles, sans atteindre du même coup les motifs cachés? C'est de force absolue que l'acte est identifié avec l'auteur, qu'il est comme personnifié sous son nom.

Qu'est-ce que le temps? Rien qu'un vaste problème. Chaque équation qui ressort du moment actuel, n'attend sa pleine solution que de l'avenir; et quand la prévision s'essaie à la devancer, il lui faut procéder par les voies approximatives : or, si l'induction n'est tirée que des choses, comme elles sont multiples et diverses, sa chance est bien faible; lorsqu'au contraire, on scrute l'intention même de l'homme, comme l'être est simple et semblable, le calcul devient presque certain. L'arbre est-il connu, le fruit l'est aussitôt.

Une image serait-elle permise ? Certain joueur soupçonnait depuis long-temps son adversaire. Il hasarde son va-tout : il l'a perdu. Furieux, il se recueille, saisit un couteau, et quand la main s'avance pour enlever les dés, il la perce, la cloue sur la table. « Messieurs, s'écrie-t-il à l'instant, si les dés ne sont pas pipés, j'ai tort..... » Ils l'étaient.

LES SCRUPULES

DES

TROIS POUR CENT.

Les boules ont discuté, l'urne a parlé : qu'en advient-il ? Il y avait un projet de loi ; il y a une loi en projet. L'*exequatur* ne lui est pas encore donné ; le peuple souverain du grand-livre a le droit d'y apposer son *veto ;* les Chambres ont résolu, les rentiers aviseront.

Le conseil de famille est dûment convoqué : un rentier prend la parole et cause avec ses consors. Y aurait-il tant de mal à ce que la conversation devînt générale ? En tous cas, la police à fine oreille n'a rien à redire ici.

Il faut le reconnaître : l'année passée, il y avait répugnance, aversion, horreur peut-être. La mémoire rappelait trop vivement comment les enfans d'Israël, après avoir séduit les habitans de Sichem, s'étaient rués sur eux à l'improviste, passant les hommes au fil de l'épée, emmenant les enfans en esclavage, saccageant et incendiant leur cité.

Maintenant les choses sont toutes différentes. Il n'y a plus de violence : le crédit est trop huguenot de sa nature ; les conversions ne s'opèrent point à commande. Il n'y a plus de fraude : avec des armes simulées, il faut vaincre au premier assaut ; le combat ne peut se renouveler.

La loi est tout innocente, tout inoffensive : que le rentier se prête ou se refuse à l'alliance avec la rente nouvelle, les trois mois de miel lui sont de même alloués.

Aussi les Chambres ont adopté, sinon sans langue délier, du moins sans coup férir. Elles ont saisi aux cheveux la bienheureuse occasion qui allait s'échapper peut-être, où l'Hercule du fisc, troublé par une passion enivrante, faisait tant de concessions en faveur de la richesse publique.

On ne peut blâmer que le titre de *loi sur la dette publique*, attendu que la dette de l'Etat ne tombe point sous la loi de l'Etat, et ressort uniquement des clauses du contrat.

La loi est vraiment une loi sur l'amortissement, une loi d'ordre intérieur, une loi réglementaire pour la trésorerie : sous ce rapport, les éloges ne tariraient jamais; Pelham et Pitt n'eussent pas autrement travaillé, et la race moutonnière de nos faiseurs de finances, cette fois, n'a pas tardé à franchir l'ornière.

Les applaudissemens commencent au premier article. « *Les rentes maintenant acquises ne pourront être annulées avant cinq ans.* » Donc, la loi aurait pu les annuler aujourd'hui ou demain : donc, elle devra les annuler à cette époque.

Second article. « *Les rentes dorénavant acquises seront annulées au profit de l'Etat pendant cinq années.* » Voilà la planche jetée sur l'abîme; il vaut mieux passer dessus que dessous : dès que l'Etat ressuscite, dès que le profit de l'Etat est mis en balance avec le lucre de l'agiotage, nous verrons annuler, par suite, et toutes les rentes d'achat et tout le fonds d'achat.

Troisième article. « *L'amortissement ne pourra plus racheter les effets publics au-dessus du pair.* » C'est dommage que la bonne idée ne soit pas venue plus tôt; car, quoi qu'on die, l'Etat ne s'était nullement engagé à rembourser le dernier emprunt à 15 pour 0/0 de bénéfice, dans le courant même de l'année. Ainsi, un trésor de 100 millions se serait amassé dans les caisses; et le cours restant plus bas de 2 à 3 francs, les têtes n'eussent point été tracassées par tous ces projets de finance, dont les succès et les revers sont également funestes.

Mais le sort nous offre quelque compensation : enfin la mode est arrivée de coter le pair au lieu de coter le cours ; s'il est tombé des nues un ministre avec la mission de hausser le pair du denier 20 au denier 33 1/3, il s'en déterrera quelqu'autre, à l'effet de le baisser du denier 20 au denier 16 2/3 : de sorte qu'avant peu de temps, les rachats s'arrêteront à la limite de 83 francs 33 cent. pour 5 francs. Et quelle sainte joie, pour ceux qui comprennent que la méthode actuelle travaille plus efficacement à l'amortissement de la richesse publique, qu'à celui de la dette publique !

Le quatrième article autorise la création de deux nouvelles formes de papiers, portant tel ou tel chiffre, tant à l'égard de l'intérêt payable en espèces et à échéance, qu'à l'égard du capital remboursable à la première pluie d'or et jusque-là rachetable avec le pur sang des peuples ; laquelle création était sans doute recommandée par l'impatience que témoignent les braves rentiers à se décharger les épaules, ceux-ci d'un dixième, ceux-là d'un cinquième de leur pitance annuelle, afin de franchir lestement les barrières de la noble lice et de disputer la palme d'or, que leur prépare le digne juge du camp.

Ici se termine l'œuvre législative. Du reste, tout est facultatif : la loi propose et l'opinion dispose. L'effet réel est d'amplifier et distendre la capacité des rentiers : la cage aux 5 pour cent s'ouvre au large, et leur vol peut se déployer au vague espace des divers taux du pair.

Il y a pour eux, ce sont les termes sacramentaux, faculté de requérir des 3 pour cent, faculté de requérir des 4 1/2, la première pendant trois mois, la seconde pendant six semaines au delà, afin que nulle crainte ne hâte, que nul regret ne pèse.

Dans ses effusions de tendresse, c'est à bien dire un brevet d'émancipation que le ministre octroie à ses enfans gâtés, aux nourrissons du grand-livre. Veulent-ils rester au giron paternel ? qu'ils restent. Veulent-ils courir les aventures ? qu'ils courent. Ses vœux les accompagnent dans l'une et l'autre fortune.

On voit que le cœur est changé, que les entrailles se sont émues. Ils ne reviendront plus ces temps de sinistre mémoire, où l'impitoyable Masson était détaché avec l'ordre exprès de démolir et raser de fond en comble les palissades, déjà trop ébranlées, qui garantissaient l'innocent troupeau de la fureur des loups et des embûches du renard : à cette heure, le berger lui-même reprend la garde de ses agneaux chéris ; et sentinelle vigilante, dès la pointe de la plus douce aurore, il les appèle aux sons argentins du Cornet, à se répandre au gré de leurs penchans, dans ces vastes pâturages, les uns chargés d'une herbe succulente, les autres parfumés de fleurs éblouissantes.

Les prédicateurs de la conversion psalmodient chaque jour sur un ton différent : suppliques, menaces, promesses, ils ont tout épuisé ; si bien que le *Moniteur* (25 mai) est réduit à se frayer une voie nouvelle. C'est un cahier de doléances qu'il déroule à nos yeux : Orgon ne s'appitoyait pas autrement sur le compte de son pauvre ami.

« On fait souvent aux hommes d'état l'honneur de leur supposer un esprit d'invention qu'ils n'ont pas. On se persuade que c'est d'eux-mêmes, et en ne faisant que céder à leur génie, qu'ils ont mis en avant une mesure nouvelle... Le ministre n'a fait qu'obéir au mouvement qui l'entourait, que se conformer à l'état de choses dont il était pressé... On lui a reproché d'avoir agi ; on l'eût accusé bien plus haut, s'il eût abandonné aux basards de l'avenir les graves intérêts qui lui étaient confiés. »

Mais quel était ce mouvement, cet état de choses? Le *Moniteur* nous l'apprend. « Un capital de plus de cent francs s'offrait à la bourse pour cinq francs d'intérêt, et il était aisé de prévoir qu'il allait atteindre cent vingt francs.... Le ministre devait-il en détourner ses regards et laisser aller le monde comme il voulait aller? »

A Dieu ne plaise! *Une négligence aussi coupable* ne pouvait se rencontrer qu'à Bade et dans les Pays-Bas, où les effets publics ne sont nullement troublés dans leur ascension progressive au-dessus du pair nominal. En France, on ne se joue pas ainsi de la richesse publique, de la paix publique, de la joie publique.

En effet, qu'allait-il arriver? Des fonds sortaient librement de la rente et s'offraient à tous les besoins; la production s'accroissait en même temps que la consommation; les propriétés augmentaient de valeur, et qui pis est encore, l'agiotage se retournait devers le gouffre des mines, l'amortissement s'effaçait du budget de neuf cents millions.

Venait-il en tête de réduire l'intérêt des rentes, autrement de soustraire un cinquième du revenu à chaque rentier, pour opérer l'addition d'un centième à celui de chaque contribuable : juste ou injuste, l'opération était facile : les uns trouvaient un placement et vendaient; les autres se soumettaient sans trop de répugnance. Et il n'y avait plus lieu au remboursement, ni par offres réelles, ni par menaces frauduleuses : tout se passait comme cela se passe en Angleterre. Vit-on jamais une telle série de désastres?

Or maintenant, que va-t-il arriver? Le *Moniteur* dénonce un déclassement de 200 à 300 millions, reversés sur l'agriculture et l'industrie, auquel il convient d'ajouter un déclassement encore plus énorme, suscité par l'inquiétude et la défiance. Et toutes ces aliénations sont forcées, sont précipitées; et tous ces capitaux restent en stagnation, ou se placent à l'aventure. La perspective est brillante, il faut l'avouer.

Et de plus, s'il faut croire à l'horoscope tiré par le *Journal de Paris* (28 mai) : « Comme la langueur n'est qu'apparente, lorsque l'hésitation aura passé il est à craindre que dans le mouvement inopiné qui doit la suivre, il n'arrive une hausse factice, brusquement suivie d'une baisse qui ne sera pas plus réelle. »

Ainsi, chers rentiers, vos destins sont doucement balancés entre deux empirées de délices : faites un choix seulement.

Voulez-vous émigrer du grand-livre et vous mettre en quête du pays d'Eldorado? C'est toujours le même taux de courtage; mais le cours n'est qu'à cent deux, au lieu qu'il devait être à cent vingt; mais il y aura quelques centaines de millions à se disputer des emplois, au lieu que la demande allait les réclamer peu-à-peu au parquet de la bourse.

Voulez-vous troquer vos vieux Pénates contre des Dieux inconnus et ranimer votre essor engourdi à la fumée des trois pour cent? Le mouvement inopiné débute en hausse, mais votre esprit n'est point inopiné : c'est de franc en franc qu'il s'ébranle peu-à-peu; c'est à l'apogée du cours qu'il est terrassé. La contagion vous gagne et vous achetez sur l'heure.

La baisse survient. Elle ne vous effraie pas; ce n'est que du jeu et le cours va reprendre. Pourtant il y a bientôt 5 fr., 10 fr., 15 fr. de différence : n'est-ce pas le cas de réfléchir : ne faut-il pas arrêter sa perte, liquider son compte? Vous vendez donc, vous vous dévouez; la clique n'attendait pas moins de vous. Vive la hausse maintenant!

On ne vous parle pas de garder vos cinq pour cent, car le *Journal de Paris* ne l'entend pas ainsi; si bien qu'il couronne sa prosopopée de hausse et de baisse par cette allocution touchante : « ... Que feront dans cette *bagarre* ceux qui n'auront pas converti? »

D'ou il appert que pour se préserver de la *bagarre*, on doit s'y jeter à corps perdu; qu'en conservant les cinq pour cent, on encourt tous les risques des trois pour cent, et qu'en acceptant les trois pour cent, on jouit de la sécurité des cinq pour cent.

Comprenne qui pourra ! Le mot de l'énigme paraîtra dans quelqu'autre numéro, peut-être le lendemain du 5 août. Hommes de peu de foi, c'est pour lors que viendront les remords cuisans et la honte dévorante.

Le *Moniteur* se demande avec sa gravité habituelle : « *Le ministre devait-il laisser aller le monde comme il voulait aller?* » Il aurait mieux fait de répondre à cette question : « *Le monde va-t-il laisser aller le ministre comme il voudrait aller?* » La lutte se passe entre le ministre et le monde : et le monde, c'est l'opinion ; et l'opinion, c'est le crédit. Or, le ministre des finances, le ministre du crédit, se met donc en insurrection contre son maître. Est-ce sage, est-ce loyal?

Le premier essai ne fut pas des plus heureux. Avant la fin de la guerre d'Espagne, le monde ou le crédit allait droit et vite ; un emprunt montant au septième de la dette inscrite, se contractait presqu'au cours, sauf les bénéfices d'escompte. Et pour le dire en passant, un esprit moins prévenu en aurait conclu que le crédit dépend plutôt de la stabilité acquise du cours, que de son élévation subite : qu'on pousse maintenant les trois pour cent à 80 et qu'on ouvre un emprunt semblable ; il ne se remplira pas au-dessus de 60.

Cependant le crédit n'est qu'un effet; et le principe dont il dérive, prenait de jour en jour plus d'extension et de consistance; jusqu'au fond des provinces depuis long-temps effarouchées, les fonds publics commençaient à pénétrer : au lieu d'être considérés à titre de capital, ils s'investissaient du caractère de revenu; ils se confondaient avec les biens immeubles et leurs fruits étaient tenus pour rentes, étaient portés en ligne dans le bilan de la dépense annuelle.

Ainsi le grand pas se faisait. L'homme a ses habitudes de vie; tel ou tel revenu est nécessaire pour les entretenir; tout fonds dont le produit s'est intercallé dans son compte, devient inviolable, inaliénable, à moins qu'un autre placement ne fournisse la même quotité, la même sécurité des intérêts.

Si le premier projet n'avait attaqué que le capital, son succès eût été moins difficile; les six pour zéro auraient plutôt passé que les trois pour cent, même que les deux pour mille : l'ardeur des jouissances et le manque de prévoyance dominent la société actuelle; et ce n'est pas le moindre vice des réductions, que d'exciter les rentiers à placer en viager, à l'instar des sauvages qui coupent l'arbre par le pied pour en dévorer le fruit.

Mais il réduisait le revenu; de là, du trouble dans toutes les têtes, des craintes sur l'avenir, des reproches et des répugnances. Dans cet état voisin du délire, l'éclair, précurseur décevant que ne devait pas suivre la foudre, a suffi pour accomplir le désastre : la peur a été aussi fatale qu'aurait été le mal même.

Le résultat en est connu : vingt millions de rentes déclassées; et sur leur capital, une part moisissant en caisse ou se consumant en dépense, une autre part s'aventurant en prêts qui donneront des pertes ou en entreprises qui ne portent que du revenu; si bien que la moitié des quatre cents millions n'est plus disponible et que l'autre moitié est indisposée contre les effets publics : c'est justement le montant du dernier emprunt, qui s'exile des domaines du crédit.

Mais rien ne corrige. Cette fois le bras de fer se cache; on fait pate de velours. Il eût mieux valu débuter par la ruse; peu de gens y sont pris quand elle prétend s'insinuer sous des tentes enorgueillies de la victoire.

Toutefois, le déclassement reprend quelqu'activité, puisque le cours fléchit, en dépit des efforts coincidents de toutes les caisses de l'état, de tout le crédit de banque : l'Anglais surtout y doit être entraîné, étant trop patriote pour ne pas préférer à 15 pour cent de différence, ses trois pour cent d'origine séculaire, à nos trois pour cent de création soudaine.

Il faut ajouter peut-être 200 millions, aux 400 millions éliminés du marché : et comme les 600 millions de l'indemnité, réduits en valeur réelle, sont prêts à tomber sur la place, au moyen des négociations anticipées, il faut porter à 1200 millions, le déficit du grand-livre, acquis depuis quinze mois.

Mais les chiffres ne comptent plus. Le monde hait, le crédit tremble, et c'est mille fois pis; l'intérêt même s'efface devant une passion plus expansive, plus extensive : tous ne font qu'un; il y de l'esprit de corps. Et sous les bannières de l'aversion et de la récalcitrance, il se crée enfin, chose étrange en France, comme une sorte de nation.

Si le ministre ne devait pas laisser aller le monde, le monde ne veut pas laisser aller le ministre : et le monde est doué de plus de force, surtout de plus de durée.

Les tables de *Sinclair* nous transmettent le cours des 5 pour 0/0 depuis 1730. Les phases en sont curieuses; ils jettent d'abord le plus vif éclat; de 1730 à 1744, on les voit long-temps au-dessus de 100, jamais au-dessous de 95. Quelque langueur survient pour lors jusqu'en 1750, où on les retrouve à la même hauteur, seulement pendant quatre ou cinq ans; et c'est pour ne plus l'atteindre avant ces dernières années.

Dans le cours naturel des choses, il n'existe donc point de causes certaines, de principe constant, qui tendent à élever graduellement et consécutivement le cours des effets publics, et à baisser proportionnellement l'intérêt des transactions privées; ou du moins ces causes sont comprimées et ce principe est amorti, avec une sorte apparente de régularité, par l'émission de telles et telles circonstances, fort différentes de nature et pourtant analogues dans leurs effets, dont les temps, toujours menaçans, accouchent d'un jour à l'autre.

A travers la complication des causes d'ascension

et des circonstances de dépression, il apparaît une loi générale, suivant laquelle le cours s'arrête et se fixe au terme apposé par le denier naturel de la contrée, ou y est ramené bientôt, lorsqu'il l'a dépassé dans un moment de fougue.

L'expérience d'un siècle démontre que cette loi commande souverainement en Angleterre au denier 33 1/3, en France, au denier 20; et dans ce moment, tous les faits, tous les présages annoncent le retour périodique de son empire.

Le mobile du jeu réside dans l'esprit de l'homme. La rente ne fait qu'offrir une matière appropriée à cet emploi : c'est comme une carte tirée au hasard sur laquelle est placée la mise. La fantaisie, la lassitude, la colère, suffisent pour faire passer de tel jeu à tel autre. Tous conviennent de même, pour peu qu'il y ait des chances; et celui-là convient mieux, où les chances sont plus vives.

Or, quand les effets publics se disposent à aborder le terme où la mémoire ne les a pas encore vus, où l'idée s'étonne de les voir, le champ manque aux rêves de l'espérance; et, comme la paix règne en ces temps, l'effervescence intestine des esprits rendus au calme, c'est-à-dire à l'ennui, brûle de se livrer aux tentations qui sont offertes de toutes parts. Ainsi à Londres, en 1719, à Paris, en 1720, par un mouvement presque simultané, la spéculation, abandonnant la rente sur l'état, se jette avidement sur les actions et les billets des compagnies de la mer du Sud et du Mississipi. De 1787 à 1790, la caisse d'escompte absorbe toutes les conceptions, accapare tous les capitaux, et laisse en stagnation le cours de la dette publique. Il paraît même qu'en Hollande, des éventualités physiques et politiques ont été prises pour point de mire par l'agiotage.

Ce phénomène se représente maintenant, avec un caractère encore plus prononcé.

Voyez à la bourse de Londres, en ce foyer du fluide électrique, d'où l'étincelle part et propage l'incendie de lieu en lieu; il y a fureur pour les emprunts et les mines de l'autre monde, lequel, émancipé par un coup du sort et composé d'élémens hostiles, ne peut se rasseoir, de sorte ou d'autre, qu'après une longue série de révolutions. Et de plus, sans mettre en ligne l'extension demesurée des fabriques dont un coup de canon porte la ruine, plusieurs milliards de capitaux sont appelés par des projets qui s'exercent dans toute la latitude de l'imagination.

Pour son compte, Paris pousse aux nues les actions de banque et de caisse, soupire pour le sel gemme, aspire à des canaux nouveaux, joue à terme sur les huiles et les eaux-de-vie, se met en croupe derrière sa rivale pour fouetter les denrées coloniales, et s'engloutit sous une masse de constructions, éparpillant des fonds jusqu'alors aglomérés, en nature de salaires qui doivent se confiner à l'entretien des familles.

Qu'on ne s'y trompe pas. C'est une ère nouvelle qui ne fait encore que s'entr'ouvrir, et le système des réductions travaille à élargir les voies, à précipiter le cours. En Angleterre, nul ne s'en plaint, et c'est parce que chacun s'en défie à l'avance : en France, l'aversion aggrave la défiance ; l'excédant de capital ne tente que peu de gens, et ne les tentera plus après les premiers revers. Quand un intérêt contractuel a pu être réduit, on sent qu'à plus forte raison un capital inscrit par fiction doit être, quelque jour, ramené au chiffre réel.

Or, quant à leur influence dépressive sur les effets publics, il n'importe si ces entreprises divellentes donnent des profits ou des pertes. Dans tous les cas, le déficit qui en dérive influe au moment même : en cas de pertes, des capitaux sont détruits, dont le vide ne se comble qu'avec des épargnes ; en cas de profits, des fonds colloqués ou flottans sont soutirés de plus en plus du marché de la bourse, par d'autres spéculations qui s'inventent à l'envi des premières. Si bien que l'échafaudage, trop exhaussé et trop surchargé, s'écroule enfin, écrasant et anéantissant sous ses ruines tant de richesses réelles qui se sont aventurées, et qu'il n'est donné qu'au temps de récréer.

La nature a-t-elle horreur du vide ? C'était jadis une grande et solennelle question. Il est plus aisé de prouver que l'habitude a horreur du vide spécial qu'opère brusquement la pompe fiscale entre l'intérêt à cinq et à quatre pour cent.

Deux classes de porteurs de rentes peuvent accepter la conversion. Il n'y a qu'un mot à dire sur la classe des capitalistes : vous les induisez à entrer dans les trois pour cent par l'appât de la hausse; c'est les induire à en sortir aussitôt que la réalité viendra répondre aux espérances. Vous êtes quitte envers eux; ils deviennent indépendans de vous; ne comptez plus sur leur retour, à moins qu'il n'arrive une baisse désastreuse : l'effet est usé; des emplois vierges tentent au dehors et au dedans. Songez seulement à fabriquer des épaules d'Atlas, au ministre sur qui va se précipiter soudainement ce fardeau, un instant soulevé avec tant de peine et de ruse.

L'autre classe ne s'y résout que dans la crainte du remboursement : elle le craint parce qu'au moment le plus inattendu, trois milliards peuvent tomber sur le marché des emplois, qui doit se resserrer dans la même proportion ; elle ne le craindra plus, quand les bons et loyaux offices du temps auront à la fois élargi les anciens débouchés et frayé des voies nouvelles.

Or au cours de 75, son capital lui est restitué, capital payable en la même somme monétaire, mais échangeable dans un rapport plus avantageux, contre des valeurs effectives et productives ; et même les conditions d'échange vont probablement s'améliorer ; de sorte qu'en réalisant à 69 ou à 66, l'opération sera plus profitable qu'en recevant maintenant le prix de 5 pour 0/0 au pair.

Ici l'entraînement irrésistible de l'habitude commence à exercer son empire.

Les gens qui prétendent nous inoculer les 3 pour 0/0, ignorent qu'ils ont germé spontanément chez nos voisins, aux premiers rayons du crédit, et qu'ils s'y sont implantés aussitôt par une persistance de quinze années, au-dessus du cours de 95 ; c'est un fruit indigène au climat de l'Angleterre, dont la tige s'étiolerait dans nos serres chaudes.

Excepté sous le système de Law, où l'intérêt judiciaire fut fixé à 2, puis à 5 pour 0/0, la France n'a jamais connu légalement, amiablement et bursalement, que le taux de 5 pour 0/0 ; au-dessu il est question d'usure; au-dessous il semble que ce ne soit pas un intérêt sortable.

Avant la révolution, la masse des capitaux quoiqu'intrinsèquement plus faible, excédait davantage la somme corrélative des emplois; de sorte que toute personne bien famée était à même de se procurer, à l'instant requis et sur simple billet, des centaines de mille francs; et malgré une telle surabondance, le taux restait toujours au denier 20.

La demande était-elle suspendue, les fonds demeuraient en caisse : le capitaliste se comportait pour le loyer de ses écus, comme le propriétaire pour le loyer de sa maison. Or la force d'inertie l'emporte à la longue; lorsque le tiers ou le quart des fonds afférens à tel emploi, se retire et se recéle, il s'ensuit un déficit qui ne peut se couvrir que par l'attrait d'une prime plus élevée.

Il en arrivera ainsi aux décevants 3 pour 0/0. Les rentiers à revenu, n'y seront entrés que par crainte et avec répugnance; pendant un certain temps, ils s'obstineront à retrouver leur capital monétaire et attendront pour vendre au-dessous de 75, que les conditions d'échange se soient améliorées.

Mais insensiblement le *calus* se forme; l'attente est désappointée et la réalité reprend toute son influence. C'est comme dans une faillite, où après avoir laissé s'écorner son gage, à force de lenteurs, on se résout à accepter 75 pour 0/0, donnant quittance de l'excédant au débiteur qui ne peut ou ne veut se libérer en entier; et ne tenant nul compte des promesses éventuelles qui sont surtout prodiguées par la mauvaise foi.

Ainsi s'évanouissent successivement les deux fictions artificieusement combinées, à l'effet de voiler la honteuse nudité des 3 pour 0/0; l'une qui se fonde sur un paroxisme de la fièvre à la hausse pour élever leur cours de 75 à 90 et à 100; l'autre qui n'est assise que sur un acte de bon plaisir du ministre, pour substituer le denier 25 au denier 20.

Le rentier lit à tête reposée le nouveau titre qui lui fut remis; il passe légèrement sur l'énonciation gratuite du capital, et n'est frappé que de l'expression du revenu effectif. Les deux semestres de l'année lui rapportent 3,000 francs, qui donnent un capital de 60,000 francs; c'est autour de ce pivot que se basent ses combinaisons : tout l'y ramène, et le souvenir des temps passés, et le taux actuel des transactions.

Cette inscriptiou décorée du timbre des 3 pour 0/0, ne se représente plus à son idée que sous le type des 5 pour 0/0 ou des 4 pour 80 ou des 3 pour 60 : le ministre chiffre à sa fantaisie; le barême du rentier est dicté par la nature des choses.

Aurait-il conservé des regrets d'une perte maintenant consommée, il n'en est que plus ardent pour vendre au-dessus du pair de 60, afin de se récupérer en rachetant à plus bas prix. Se serait-il jeté avec fureur sur les fonds nouvellement créés, ses espoirs vont se tourner en craintes, et la honte, la colère le pressent d'autant plus de s'échapper du gouffre.

Et dans tout ceci il n'est fait état ni des apparences de guerre ou de troubles qui pousseraient la totalité des 5 pour 0/0 sur la place, jusqu'au taux de 45, ni des entreprises hasardées que tant de charlatans feront valoir, où tant de badauds se laisseront prendre, ni même de cette rareté du numéraire, qui par des causes souvent opposées, se fait sentir à des intervalles presque réguliers.

Les détracteurs du ministre sont impitoyables : comment se fait-il que la haine puisse aveugler ainsi les meilleurs esprits ? il semble voir les furies poursuivant sans relâche le misérable Oreste, qui cédant à l'égarement de ses visions, n'eut d'autre tort après tout, que de déchirer le sein dont il fut nourri.

Leur erreur est grande : le ministre n'est pas toujours à reprendre ; souvent même il se contredit avec le plus éclatant succès. Sa prévision pénètre aux ténèbres de l'avenir ; des inspirations tenant du sublime, lui échappent à la tribune : seulement c'est à nous d'en tirer des conclusions légitimes ; ce soin ne le regarde pas.

Ainsi l'axiome le plus incontestable a été émis maintes fois par sa bouche et se voit proclamé jusqu'à satiété par ses presses : « *Le cours des fonds publics a atteint son apogée ; l'essor du crédit est arrêté.* »

Ne semble-t-il pas que ce soit le thême original sur lequel un esprit aussi juste que profond, a composé cette paraphrase qui donne tant à réfléchir. (Séance des Pairs du 16 avril.)

« Les bases du crédit ne sont pas les mêmes pour tous les états ; elles varient suivant leur position et la nature de leurs ressources. Le crédit des états commerciaux, lorsqu'il repose sur des capitaux réels, sur des richesses acquises, est actif et brillant ; il enfante des prodiges. Le crédit qui s'appuie sur le sol a moins d'éclat, mais il est plus solide ; et c'est dans cette dernière classe que se range celui de la France. C'est le crédit commercial qui a permis à la Hollande, à l'Angleterre et à d'autres états moins puissans, d'emprunter et de prêter leurs capitaux à 3 pour cent et même à 2 pour cent : mais le crédit territorial de la France exige un intérêt plus en harmonie avec l'intérêt usité dans les transactions ordinaires, avec la nature d'une richesse publique qui se compose bien plus encore des revenus d'un sol fertile que des capitaux accumulés par l'industrie. »

Or cette dernière idée renferme tout le secret du vrai système des finances pour le royaume, ou plutôt délivre à jamais ses finances et de tout secret et de tout système ; car les sources de la richesse publique, naissant à ciel ouvert et coulant goutte à goutte, il n'y a moyen ni d'en forcer ni d'en voiler le cours.

Notre malheur a voulu que le ministre ait abandonné ici son principe et soit resté insensible à cette harmonie préétablie, entre l'intérêt des effets publics et l'intérêt des transactions civiles.

En France, la richesse territoriale doit s'élever à soixante milliards, au triple environ de la richesse mobilière, avec laquelle elle ne se trouve en contact que dans l'état de mutation, dans le transit opéré par l'intermède des écus : ce qui présente, quant à son cours naturel, un phénomène, une phase accidentelle.

Au contraire, la richesse mobilière, véritable Protée qui change de forme à chaque instant, circule à la manière d'un fluide, entre tous ses emplois et s'épand de bord ou d'autre, en raison des profits : elle comprend le capital de l'industrie agricole et commerciale, et le capital des contrats de prêts aux particuliers ou à l'état.

Entre les deux portions du capital contractuel, dont chacune monte peut-être à trois milliards, l'équilibre s'établit instantanément, de manière que la puissance tendante à baisser l'intérêt des effets publics, se mesure d'abord contre une masse de six milliards.

Dans ce travail, sa force se dépense et son élan s'amortit en quelque degré : et c'est avec des moyens aussi atténués, qu'il lui faut entrer en lutte avec le capital industriel ; lutte qui continue, tant que les profits de ce capital ne sont pas abaissés au nouveau taux de l'intérêt des contrats.

Aussitôt que la rente est menacée de réduction et même après qu'elle l'aurait subie, le mouvement de déclassement s'opère, d'abord en faveur des fabriques et des bâtisses, ensuite des entreprises rurales, ainsi que l'expérience le prouve déjà.

Pour lors, le poids à soulever est quintuple en intensité, du mobile à qui l'impulsion fut imprimée d'abord. On peut en conclure quelle est la somme des résistances, quelle est la déperdition des forces. Et ce n'est pas le lieu d'exposer comment dans ces tentatives hasardeuses, il se détruit une quantité de fonds, dont le vide affecte l'économie de la richesse nationale.

Cependant l'œuvre est-elle couronnée du succès; et la masse confondue de vingt millions de capitaux, ne porte-t-elle plus, qu'un profit annuel de huit cents millions au lieu d'un milliard? peut-être ce n'est pas un grand bienfait pour l'état; et en tous cas, le projet n'est point encore parvenu à ses fins.

La richesse mobilière, impatiente du joug et mécontente des pertes, jette un pont d'or, pour tenter la richesse foncière et envahir sur son domaine. D'abord quelques enfans perdus se laissent séduire, puis des pères de nombreuses familles ou des gens chargés de dettes, puis des turbulents de province et des parvenus de révolution.

Cette fois encore, il faut que le niveau se prenne et se fixe, entre le capital mobilier de vingt milliards et le tiers environ des fonds immeubles, désormais mobilisés, qui montent à la même somme.

Et dans ces échanges de deux valeurs de sorte hétérogène, qui passent soudain et se promènent long-temps entre des mains inexpertes, on ne saurait dire, combien le travail agricole est dérouté et son produit desséché, combien surtout le capital reçu en paiement, est sujet à se dilapider en dépenses, à se consumer en spéculations : d'où il arrive que la richesse publique doublement amoindrie et dans la masse de ses capitaux et dans les sources de son revenu, devient incapable, de soutenir le taux d'intérêt naturel à la contrée.

Avant de se jeter dans une opération dont le succès exige une affluence progressive de capitaux, il eût été convenable de rechercher comment ils se forment, comment ils augmentent ou diminuent.

La Hollande et l'Angleterre nous apprennent, chacun par sa leçon, que les épargnes et les profits offrent tour à tour les élémens de leur composition, avec cette différence que les profits qui s'amoncèlent vivement sont souvent suivis de pertes dont la masse subit le prélèvement, tandis que les épargnes plus lentes à s'accumuler n'éprouvent dans leur marche que des retards ou des revers bientôt compensés.

On conçoit généralement que les profits de quelque importance proviennent des entreprises industrielles ou commerciales, les retours fournis par l'agriculture n'excédant guère l'intérêt des fonds qui s'y appliquent. Mais on semble ignorer que les épargnes même ne s'opèrent avec un certain degré d'extension, que sur le revenu des grandes fortunes foncières et mobilières, les économies faites dans les situations moyennes se confinant à des améliorations successives, et s'aventurant rarement au dehors de leur sphère.

Ce n'est même qu'en Angleterre, où l'esprit national, s'insinuant jusqu'au sein des riches propriétaires, les soumet à verser leur tribut d'épargnes dans l'océan de ses capitaux. Et il faut se féliciter de ce que la France n'est point disposée à suivre un tel exemple ; car toute somme, soustraite du revenu foncier et agglomérée en capital, ne retourne qu'après du temps, à l'œuvre d'entretenir et d'accroître la quantité de travail sur lequel repose l'existence des peuples.

Ainsi, dans les contrées essentiellement agricoles, les capitaux ne se forment point en grande masse, attendu que les profits y sont faibles et les épargnes rares, et ne se conservent point pendant une longue durée, attendu que la culture toujours altérée et les fabriques encore arriérées les attirent devers des emplois où ils se fondent en salaires.

En thèse générale, c'est un rêve insensé que de prétendre élever le denier de la dette publique au même taux, en France et en Angleterre.

Et jamais les circonstances n'ont été plus défavorables au succès de ce projet. L'aspect de Paris trompe; tous les capitaux de la France y sont entassés, mais c'est une cause de décadence pour la richesse publique plutôt qu'un signe de prospérité : enlevés au travail productif, dont émanent le revenu et les épargnes, ce ne sont plus que des capitaux de main-morte.

Il semble de cet état voisin de l'agonie, où les extrémités, peu à peu privées du sang vital, se glacent et se paralysent, tandis que les viscères intérieurs sont engorgés de plus en plus, prêts à déchirer leurs enveloppes.

Examinons plutôt l'état général du royaume.

C'est à peine s'il faut compter dans les élémens de sa richesse publique les profits de la fabrique et du commerce : cinq millions d'hommes seulement en tirent l'existence. A 200 francs par tête, ce serait un milliard pour le produit brut, dont le travail retire une forte part ; le bénéfice ne dépasse pas 400 millions, et on doit observer que, dans une industrie naissante, la plus forte part des profits s'emploie à son accroissement.

Vingt-cinq millions d'hommes, tant producteurs qu'improducteurs, sont comme implantés sur le sol et subsistent de l'agriculture. A 150 francs par tête, ce serait près de 4 milliards pour le produit brut. Sur cette somme, 2 milliards représentent les profits de l'exploitation, dont les trois quarts se dispersent en salaires. Le bénéfice, y compris le loyer des capitaux, peut monter à 500 millions.

L'autre moitié du produit brut de la terre constitue la rente ou le revenu des propriétaires, sur laquelle il n'y a point à prélever de salaire pour les producteurs; elle s'élève à 2 milliards environ.

Mais ce calcul est fondé sur un taux favorable des prix de la production rurale. Si ces prix sont avilis comme à cette heure, et surtout s'ils le sont depuis des années, les travailleurs n'en subissant pas l'atteinte, toute la perte retombe immédiatement sur le bénéfice des fermiers et successivement sur la rente des propriétaires.

D'une part, la dépréciation des prix sur 4 milliards de produit brut agit presque en proportion double, lorsqu'elle porte seulement sur les 2 milliards 500 millions du bénéfice et du revenu; d'une autre, la cote de l'impôt restant au même chiffre attaque dans une plus forte raison cette somme réduite à un chiffre moindre.

Dans cette position, la France est bien éloignée de jeter des épargnes qui viennent en addition aux capitaux; au contraire, comme les habitudes de vie se rompent difficilement, il s'opère des prélèvemens sur le capital personnel, pour remplir le déficit existant entre le revenu et la dépense; sans quoi, la circulation annuelle se resserrant, il y aurait une diminution dans la quantité du travail, dans la somme des produits.

Un tel état de choses s'aggrave en s'invétérant;

chaque année, le déficit, en le supposant semblable, exige des prélèvemens de plus en plus ruineux, en raison de la réduction successive du capital : et le déficit tend à s'augmenter, car le fonds d'exploitation, peu à peu entamé, doit porter moins de fruits.

Le remède ne peut être offert que par l'advenance des mauvaises récoltes, dont l'effet est de relever les prix. Mais, à l'égard de la masse des capitaux, le remède serait plus fâcheux que le mal, au moins dans les premiers temps.

Supposez que chaque homme consomme 100 f. en subsistance; trente millions d'hommes consommeront 3 milliards. Si ce prix augmente d'un tiers, si l'hectolitre de froment s'élève de 15 à 20 fr., la consommation générale montera à 4 milliards; et, comme les besoins ne peuvent se satisfaire par la voie des échanges, ni se remplir sur les lieux mêmes et au moment requis, il faudra un fonds circulant de 500 millions et plus, pour les opérations d'achat et de transport, sans parler des spéculations qu'enfante toujours la hausse.

Or ce fonds excédant sera soustrait de la masse des capitaux maintenant stagnans ou flottans sur la place de Paris.

C'est chose trop heureuse, que Buonaparte ne se soit pas mis en tête de faire du crédit, de battre monnaie en papier, de livrer sa parole pour article d'Evangile : il en eût été comme de la pointe sur Moscou : des succès enivrans, des rêves décevans ; et puis, l'armée en déroute, les villes en feu, le pays sous les glaces.

Le crédit a son Kremlin. Revêtu d'armes pesantes, il fait retraite en bon ordre devant les bandes pillardes qui le harcèlent : parfois elles le débordent sur ses flancs, le tournent par derrière, le tiennent en état de blocus ; mais il faudrait emporter la place d'assaut ; et c'est au moment même où les échelles se dressent contre les murailles, que le bataillon carré s'ébranle et charge les maraudeurs éparpillés, dont les bagages embarrassent la fuite.

Or, le ministre marche droit au Kremlin. Les revers en Espagne avaient irrité et exaspéré le dominateur des trônes ; tant de honte ne pouvait se laver que dans des flots de sang : les succès en Espagne excitent, enflamment le dictateur des Chambres ; tant de gloire ne saurait être affrontée par un revers.

Les feintes apparences du moment voilent les réminiscences du passé. A l'avénement du ministre, les fonds étaient fermes à 90 ; sous ses auspices, d'abord malencontreux, ils baissent, et mettent près d'un an à se relever devers le même prix : la guerre se déclare ; le cours descend jusqu'à 78 et 76, attendant pendant trois mois le coup de canon qui devait assurer le pavillon du crédit.

Mais combien de personnes sont sorties de la rente pendant l'intervalle ; combien de capitaux disposés à y entrer, se sont accumulés dans les caisses? Avec ces loyaux auxiliaires de la hausse, il y a de quoi organiser une armée. Quel en sera le chef?

Il s'en présentera, gardez-vous d'en douter.

Et tel qu'il soit, la victoire est acquise aux drapeaux qu'il guide.

La troupe dorée s'élance, disons mieux, elle se précipite ; chacun tremble que les palmes ne s'épuisent enfin. Il n'y a qu'un moment d'arrêt, et c'est pour ouvrir les rangs à un nouveau corps d'alliés : la force et l'ardeur s'accroissent par leur jonction ; comme aux beaux jours de 1818, on voit dans la lice de l'agiotage éclater toute la *furia francese*.

Le moment est venu, s'écrient les conseillers du trône. *La rente serait à 110 et 115, si les projets n'étaient connus.* (Séance du 5 avril 1824). *La rente allait atteindre 120 francs* (*Moniteur* du 25 mai 1825).

Or, ces pronostics successifs du ministre de 1824 et 1825 ne seraient-ils pas aussi hasardés que ceux du ministre de 1818? Après la guerre, et dans les prix de 90, les rentiers sortis rentraient, et les capitaux accumulés se plaçaient, tandis que, depuis un an et pour de longues années, chaque franc de hausse déclasse des vieux rentiers et repousse des capitaux nouveaux.

Ainsi que tout autre marché, le marché de la bourse requiert l'emploi d'une certaine quotité de fonds, en raison combinée de la masse et du prix des effets mis en circulation.

Qu'il vienne dans l'idée à quelque commis ou à quelque ministre d'altérer le rapport du pair nominal avec l'intérêt réel, cela peut influer sur les écritures, mais nullement quant aux transactions : dans les comptes courans de la richesse publique, il n'est fait état que du denier de vente, c'est-à-dire du capital variable payé pour tel revenu fixe ;

la toute-puissance des nombres s'évanouit au contact des espèces ayant poids.

Notre dette publique, montant à 100 millions de rentes, terme moyen, est restée pendant longtemps au denier douze, n'absorbant ainsi qu'un capital de 1,200 millions ; et, depuis un an, sa portion mobile ou vénale, montant à 125 millions environ, se tient au denier vingt, commandant un emploi de deux milliards et demi. L'augmentation du capital est de 1,300 millions.

Cependant, au taux d'échange de 75, les 125 millions 5 pour o/o fourniraient 100 millions 3 p. o/o; lesquels au denier vingt-cinq consomment un semblable capital de deux milliards et demi ; au denier trente, un capital de trois milliards; enfin, au denier trente-trois un tiers ou au soi-disant pair, un capital de trois milliards 330 millions.

Et les faiseurs de calcul prenant la plume et supputant l'excédant de 1,300 millions de capital acquis au profit de la dette publique de 1818 à 1824, s'imaginent qu'un excédant de 500 ou même de 830 millions sera bientôt conquis en sa faveur sur la masse de la richesse nationale.

Mais, avant qu'un excédant se forme, il faut que le déficit se remplisse : et on a vu que les fonds échappés de la rente, que les fonds soutirés par l'indemnité, devaient déterminer sous peu de temps un déficit de 1,200 millions sur la place de Paris. Les capitaux afférens à la Bourse sont d'abord appelés à le couvrir : de sorte qu'un excédant de 500 millions seulement ne peut se réaliser que par un nouvel emploi de 1,700 millions.

En ne traitant que la question des chiffres, la somme nominale est plus élevée de 400 millions; et, en outre, le revenu territorial, qui monte au quintuple des profits industriels, se trouve maintenant en état de dégradation, au lieu que ses retours avaient été considérables, par l'effet des hauts prix de la production rurale de 1816 à 1820.

Mais il n'y a pas que des chiffres dans la société humaine. C'est surtout au parquet de la Bourse, que s'exercent et dominent les influences morales : et le doublement du capital de la dette publique, opéré avant 1825, qui ne saurait s'expliquer par l'accroît corrélatif des capitaux, rencontre sa solution dans l'état progressif de la sécurité des esprits.

En 1818 et 1816 même, si les capitaux existans avaient été libres de prendre leur niveau naturel, abstraction faite des circonstances politiques, il s'en serait déversé assez sur la rente, pour l'élever et la soutenir de 70 à 80; aussitôt que le temps a raffermi la foi, leur cours s'est précipité dans ses canaux jusqu'alors obstrués.

Il faut observer de plus que l'instinct inné des

capitaux s'effarouche et s'inquiète d'un taux exorbitant d'intérêts, qui le plus souvent ne s'offre qu'en compensation des risques : les transactions bursales, en se rapprochant du cours des transactions civiles, ont attiré une quantité de fonds, qui étaient séquestrés en caisse, ou dirigés vers d'autres fins. Et c'est en abordant le pair du denier vingt, que la rente devait, ainsi qu'autrefois, se classer à titre d'immeuble, se transmettre par la voie d'hérédité, *si le ministre avait laissé aller le monde comme il voulait aller.*

Telles sont les causes qui ont déterminé l'affluence d'un capital double sur le marché des rentes et forcé leur ascension dans une proportion supérieure à celle des autres états.

En Angleterre, dans le courant de 1817, les 5 pour cent sont portés de 60 à 80, retombent presqu'au terme du départ pendant 2 ans et se reposent de 1821 à 1824, devers 80 : en sorte que huit années de paix les ont élevés seulement de 33 pour cent.

Sur tout le continent, le même espace de temps n'a fait hausser les 5 pour cent que de 60 et 70, à 90 et 100, dans le rapport de 50 pour cent.

Tandis qu'en France, de 1818 à 1824, entre le capital de 100 millions de rentes au cours de 60 et celui de 125 millions au cours de 100, il y a une augmentation de 110 pour cent.

Maintenant, ces causes accidentelles ont accompli leur cours ou même agissent en sens inverse.

FIN

PARIS, DE L'IMPRIMERIE D'A. ÉGRON.

www.ingramcontent.com/pod-product-compliance
Ingram Content Group UK Ltd.
Pitfield, Milton Keynes, MK11 3LW, UK
UKHW021515260726
13993UKWH00004B/1687